Inhalt

Tabakverarbeitung - die Raucher wollen es billig

Kernthesen

Beitrag

Fallbeispiele

Zahlen und Fakten

Weiterführende Literatur

Impressum

Tabakverarbeitung - die Raucher wollen es billig

M.Hofstetter

Kernthesen

- Der Tabakwarenabsatz in Deutschland insgesamt sinkt, doch die Entwicklung der einzelnen Tabakwarensegmente verläuft unterschiedlich.
- Die deutschen Tabakwarenhersteller wollen im Zuge der aktuellen Tabaksteuererhöhung die Margen des Handels verbessern.
- Der Anteil der nichtversteuerten Zigaretten in Deutschland steigt an, vor allem in den neuen Bundesländer.
- Die Zahl der rauchenden Jugendlichen im Alter von zwölf bis 17 Jahren hat sich seit 2001 halbiert.

Beitrag

Tabakwarenabsatz 2010 gesunken

In Deutschland sinkt der Tabakwarenabsatz kontinuierlich. 2010 wurden nach Angaben des Statistischen Bundesamtes Tabakwaren mit einem Kleinverkaufswert (Verkaufswert im Handel) von 22,5 Milliarden Euro versteuert. Das waren rund 257 Millionen Euro oder 1,1 Prozent weniger als 2009. Der Wert der Tabaksteuer sank im gleichen Zeitraum um 1,5 Prozent auf 13,36 Milliarden Euro. Im Vorjahr hatte der Staat noch rund 200 Millionen Euro mehr an Tabaksteuern eingenommen.

Wie sieht die Entwicklung in den unterschiedlichen Tabakwarensegmenten aus? 2010 wurden 83,6 Milliarden Zigaretten versteuert, gegenüber 2009 entspricht dies einem Rückgang von 3,5 Prozent oder drei Milliarden Stück. Der versteuerte Verkaufswert dagegen sank nur um 2,2 Prozent von 19,6 Milliarden Euro in 2009 auf rund 19,2 Milliarden Euro in 2010. Im Januar 2011 zeigte sich der Zigarettenmarkt solide. Mit einem Volumen von 5,9 Milliarden Zigaretten lagen die Auslieferungen an den Handel wegen Sondereffekte in diesem Monat zwar um 5,1 Prozent höher als im entsprechenden Vorjahresmonat. Diese

Sondereffekte außer Acht gelassen, lässt sich jedoch von einem stabilen Absatz sprechen.

Feinschnitt dagegen verzeichnete sowohl ein Absatz- als auch Umsatzplus. Laut dem Statistischen Bundesamt erhöhte sich die versteuerte Menge um 4,4 Prozent auf 25 486 Tonnen in 2010, der Wert erhöhte sich um sechs Prozent auf 2,58 Milliarden Euro. Diese Entwicklung setzte sich im Januar 2011 fort. Im Vergleich zum entsprechenden Vorjahresmonat stiegen die Auslieferungen um 2,1 Prozent auf rund 1 874 Tonnen.

Die Menge an versteuerten Zigarren und Zigarillos erhöhte sich von 2009 auf 2010 um fünf Prozent auf vier Milliarden Stück. Beim versteuerten Verkaufswert verzeichnete das Segment eine Steigerung von vier Prozent auf 655,7 Millionen Euro.

Rückläufig war die versteuerte Absatzmenge von Pfeifentabak. Von 2009 auf 2010 wurde ein Minus von 6,3 Prozent auf 756 Tonnen verzeichnet, der versteuerte Verkaufswert sank um 4,8 Prozent auf 83,7 Millionen Euro. (1), (2), [Abb. 1]

Steuererhöhung als Anlass für Margenverbesserung für den

Handel

In der Tabakbranche ist man gespannt, wie sich die im Dezember 2010 vom Bundestag beschlossene Erhöhung der Tabaksteuer in fünf Schritten im Zeitraum 2011 bis 2015 auswirken wird. Die erste Steuererhöhung erfolgt zum 1. Mai 2011. Die Regierung geht davon aus, dass sich Tabaksteuereinnahmen in 2011 um 200 Millionen Euro erhöhen werden. Das Einnahmeplus soll dann jährlich weitersteigen, bis auf eine Milliarde Euro in 2015.

Die Steuererhöhungen soll nach Regierungsangaben bei Zigaretten eine jährliche Preisanpassung von rund vier bis acht Cent pro 19er-Packung Zigaretten erforderlich machen. Beim Feinschnitt bedeuten die Pläne, bezogen auf eine 40-Gramm-Pouch, einen jährlichen Preisschritt von zwölf bis 14 Cent. Durch die Umstellung der Mindeststeuer dürfte beim Feinschnitt außerdem in den niedrigeren Preislagen ein einmaliger Anpassungsbedarf von 45 Cent je Packung erforderlich sein. Bei den Ecocigarillos wird im ersten Schritt mit einer steuerlichen Mehrbelastung von bis zu 40 Cent pro 17er-Packung gerechnet, im Zuge einer weiteren Anpassung mit noch einmal bis zu 15 Cent pro Packung. Beim Pfeifentabak prognostiziert das Konzept durch die Einführung einer Mindeststeuer keine steuerinduzierten Preisanpassungen.

Wie reagieren die deutschen Zigarettenhersteller auf die Steuererhöhung? Die beiden Tabakwarenanbieter Philip Morris, 2009 die Nummer eins der Zigarettenhersteller (siehe Grafik) und Reemtsma, 2009 die Nummer drei, planen mit der neuen Tabaksteuererhöhung einhergehend eine Margenverbesserung auch für den Handel. Im Durchschnitt für alle Marken heben Reemtsma und Philip Morris den Preis der 19er-Packungen um 20 Cent an. Im Zuge der ersten Stufe der Tabaksteueranhebungen hätte sich fiskalisch nur eine Verteuerung von vier Cent ergeben. Bei den Big-Packs und den Maxi-Packs entnimmt Reemtsma jeweils eine Zigarette, um den Endverbraucherpreis optisch nicht verändern zu müssen. Das heißt: Statt 23 Zigaretten künftig 22 Stück bei Big-Packs und statt 28 Zigaretten pro Maxi-Pack dann 27 Stück. Das kommt einer Erhöhung um 22 bis 24 Cent gleich. Steuerlich stärker belastet sind nach dem künftigen Berechnungsschlüssel des Fiskus die Niedrigpreislagen, also die Handelsmarken und die sogenannten "Value Brands" der Markenanbieter. Auch hierfür gilt bei Reemtsma der 20 Cent-Aufschlag pro 19er-Packung statt elf Cent gemäß Mindeststeuerschlüssel. (1), (3), (4), (5), [Abb. 2]

Anteil der unversteuerten Zigaretten steigt

In den letzten Jahren ist der Anteil der nicht in Deutschland versteuerten Zigaretten am gesamten Zigarettenkonsum von dreizehn Prozent im Jahr 2005 auf fast zwanzig Prozent im Jahr 2010 gestiegen. In Deutschland wurden damit 2010 rund 21,8 Milliarden Zigaretten an der deutschen Volkswirtschaft vorbei geraucht. Etwa 17,4 Milliarden dieser unversteuerten Zigaretten wurden über das legale Grenzgeschäft in Nachbar- und Urlaubsländern wie Polen, Tschechien oder Spanien gekauft. Rund 4,4 Milliarden Zigaretten waren Schmuggelware. Dazu zählen die Überschreitung der legalen Höchstmenge, das Mitbringen für Andere gegen Kaufpreiserstattung und der organisierte Schmuggel. Um die Zahl der nicht in Deutschland versteuerten Zigaretten zu ermitteln, lässt die deutsche Zigarettenindustrie seit 2004 eine regelmäßig stattfindende Studie durchführen, die monatlich 12 000 gesammelte leere Zigarettenschachteln auswertet.

Die Entsorgungsstudie des Dualen Systems ermittelte dagegen, dass in 2010 bundesweit 21,2 Prozent am Gesamtverbrauch auf geschmuggelte oder im Rahmen des privaten Grenzverkehrs eingeführte Zigaretten entfiel. Gegenüber dem Vorjahr stieg der

Anteil um 1,1 Prozentpunkte und erreichte den höchsten Wert seit Aufnahme der Untersuchungen in 2005. Besonders betroffen sind die neuen Bundesländer, in denen im Jahr 2010 45,2 Prozent der gerauchten Zigaretten nicht in Deutschland versteuert waren, dies entspricht einem Plus von 3,6 Prozentpunkten. In den alten Bundesländern ist der Anteil noch nicht so gravierend. Dieser stieg um 0,5 Prozentpunkte auf 14 Prozent. (6), (11)

Stabile Vertriebswege für Zigaretten

Wie sehen die Vertriebswege für Zigaretten aus? Unter den Direktbeziehern der Zigarettenhersteller dominiert unverändert der Tabakwarengroßhandel, auch wenn im Jahr 2009 sein Marktanteil leicht von 60 auf 59 Prozent zurückging. Entsprechend baute der Lebensmittelgroßhandel seinen Anteil von 30 auf 31 Prozent aus. Cash & Carry-Märkte hielten stabil neun Prozent. Auf den direktbeziehenden Facheinzelhandel entfällt unverändert ein Prozent des Auslieferungsvolumens.

Als Absatzstelle für die Verbraucher gewann der Facheinzelhandel und Nebenhandel an Bedeutung hinzu, diese Geschäfte erhöhten ihren Marktanteil von 23 auf 24 Prozent. Um jeweils einen Prozentpunkt rückläufig waren die Automaten mit nun zwölf Prozent und der Lebensmitteleinzelhandel mit jetzt 36 Prozent Marktanteil. Die Tankstellen konnten den Wachstumstrend der Vorjahre nicht fortsetzen, ihr Anteil blieb unverändert bei 27 Prozent. (7), [Abb. 3]

Trends

Jugendliche rauchen deutlich weniger

Immer weniger Jugendliche in Deutschland greifen zum Tabak. Das ist das Ergebnis einer Studie der Bundeszentrale für gesundheitliche Aufklärung (BZgA). Demnach rauchen aktuell nur noch 13 Prozent der Jugendlichen im Alter von zwölf bis 17 Jahren. Damit hat sich deren Anteil seit 2001 halbiert.

Die Zigarettenindustrie sieht sich als einer der Treiber dieser Entwicklung. So hat sich die Tabakwirtschaft gegen das Rauchen von Jugendlichen ausgesprochen und die Neufassung des Jugendschutzgesetzes 2007 begrüßt. Darin wird die Abgabe von Tabakwaren an Jugendlichen unter 18 Jahren verboten. Zudem unterstützt die Industrie Präventionsprogramme und verzichtet auf Werbung, die auf die Lebenswelten von

Jugendlichen abzielt. (8)

Fallbeispiele

Planta Tabak-Manufaktur: Jumbo-Spardose

Die Planta Tabak-Manufaktur packt den "PL 88 Volumen - rot" in eine "Jumbo-Spardose" mit 450 Gramm Inhalt, der Kleinverkaufspreis beläuft sich auf 38,95 Euro. Nach Unternehmensangaben reicht die Menge für bis zu 600 Zigaretten. Für den "PL 88 Volumen - rot" bereitet Planta Rohtabake - ein American Blend-Mix auf Basis von Virginia-Tabak, abgerundet mit Burley und einer Zugabe von Orient und Java-Grades - speziell auf, um aus der Mischung besonders viel Volumen zu erzielen. (9)

Philip Morris: erweitert Markenarchitektur

Mit einem modernisierten Packungsdesign und der damit verbundenen Namensänderung führt Philip Morris die "Marlboro Fresh"-Markenfamilie ein: Nach der "Marlboro Red"- und der "Marlboro Gold"-

Familie ist sie die dritte Säule der Markenarchitektur. Die "Marlboro Blue Fresh", die aus der "Marlboro Menthol" hervorgeht, erhält ein blaues Design. Die "Marlboro White Fresh" (vorher: "Marlboro Menthol White") hat zudem einen deutlicheren Mentholcharakter. Außerdem wird das Filterpapier von weiß auf kork geändert. Beide Mentholprodukte sind zu einem Kleinverkaufspreis von 4,70 Euro für 19 Zigaretten erhältlich, die "Marlboro Blue Fresh" gibt es zusätzlich als Zwanzigerpackung zu einem Kleinverkaufspreis von fünf Euro. (10)

Zahlen & Fakten

Abbildung 1: Zigarettenmarkt in Deutschland 2000 bis 2010

Jahr	Absatz in Milliarden Stück	Umsatz in Milliarden Euro	Steueraufkommen*
2000	139,6	19,2	13,5
2001	142,5	19,9	14,2
2002	145,2	21,6	16,2
2003	132,6	21,1	16,2
2004	111,7	20	15,4

2005	95,8	19,5	15,2
2006	93,5	19,9	15,6
2007	91,5	20	15,9
2008	88	19,4	15,4
2009	86,6	19,6	15,3
2010	83,6	19,2	14,94

* Tabaksteuer plus Mehrwertsteuer Quelle: Deutscher Zigarettenverband (DZV), Statistisches Bundesamt, WHO Entnommen aus: FAKT, D, Europa: Markt für Zigaretten und Raucheranteil 2000-2009, (12), und Deutscher Zigarettenverband (Zahlen 2010)

Abbildung 2: Marktanteil der Zigarettenhersteller in Deutschland 2009

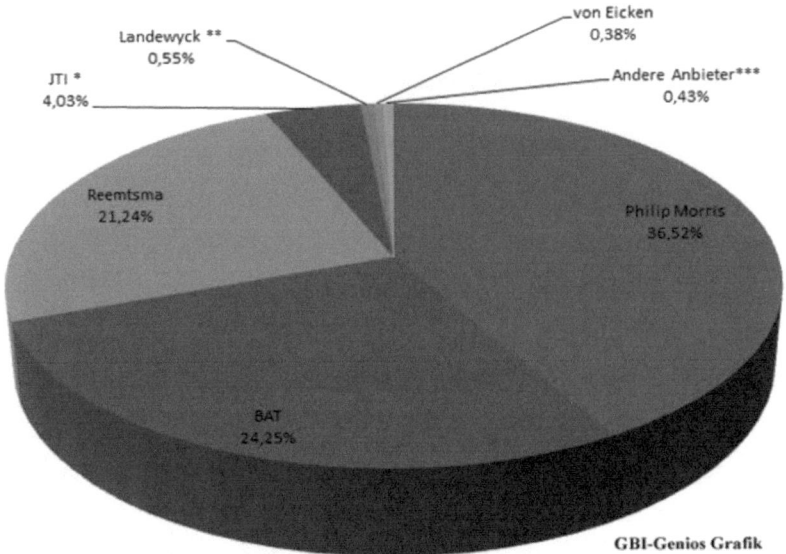

* exklusive Tawa Edeka ** Handelsmarken/Markenzigaretten ohne Angabe von Absatzzahlen durch Hersteller *** ohne Handelsmarken Quelle: DTZ (13)

Abbildung 3: Vertriebswege für Zigaretten nach Marktanteil 2008-2009

Vertriebswege	Marktanteile in Prozent	
	2009	2008
Großhandel		
Tabakwarengroßhandel	59	60
Cash & Carry	9	9

Lebensmittelgroßhandel	31	30
Fachhandel	1	1
Einzelhandel		
Facheinzelhandel und Nebenhandel	24	23
Tankstelle	27	27
Automat	12	13
Lebensmittelhandel	36	37

Quelle: DTZ Entnommen aus: Die Tabakzeitung, 18/2010, S. 13, (7)

Weiterführende Literatur

(1) Hohe Tabaksteuer - weniger Geld für den Fiskus
Der Staat hat die Rechnung ohne den Raucher gemacht
aus Die Tabak Zeitung vom 28.01.2011, Nr. 004/2011

(2) Auch bei Feinschnitt und Ecocigarillos leichtes Plus Stabiler Zigarettenmarkt im Januar
aus Die Tabak Zeitung vom 25.02.2011, Nr. 008/2011

(3) Ab 2011 bis 2015 jährliche moderate Anhebung bei Zigaretten / Feinschnitt stärker betroffen
Regierungskoalition einigt sich auf Tabaksteuererhöhung
aus Die Tabak Zeitung vom 29.10.2010, Nr. 043/2010

(4) Reemtsma: Hebt Preise für Zigaretten und Tabak an
aus www.lebensmittelzeitung.net vom 09.03.2011

(5) Zigaretten: Marktführer setzen Preissignale
aus www.lebensmittelzeitung.net vom 10.03.2011

(6) 4,4 Milliarden geschmuggelte und gefälschte Zigaretten kamen 2010 in die Bundesrepublik / Große Probleme für den Tabakwaren-Einzelhandel Illegale Zigaretteneinfuhren schädigen massiv den deutschen Markt
aus Die Tabak Zeitung vom 04.03.2011, Nr. 009/2011

(7) Balance zwischen preissensibler Nachfrage und margenorientierer Preispolitik Erhalt der Marktrentabilität erfordert Gratwanderung
aus Die Tabak Zeitung vom 07.05.2010, Nr. 018/2010

(8) BZgA-Studie: Jugendliche rauchen weniger Auch ein Erfolg der Zigarettenindustrie
aus Die Tabak Zeitung vom 04.03.2011, Nr. 009/2011

(9) Volumentabak in Jumbo-Spardose
aus Die Tabak Zeitung vom 11.02.2011, Nr. 006/2011

(10) Namenswechsel / Modernisierte Packung Marlboro Menthol kommt "Fresh" daher
aus Die Tabak Zeitung vom 21.01.2011, Nr. 003/2011

(11) Im Westen leichte, im Osten starke Zunahme Neuer Rekordstand bei Schmuggel & Co.
aus Die Tabak Zeitung vom 25.02.2011, Nr. 008/2011

(12) D, Europa: Markt für Zigaretten und Raucheranteil 2000-2009
aus Frankfurter Allgemeine Zeitung, 27.08.2010, S. 19

(13) Marktanteile Zigarettenhersteller 2009 (2008)
aus Frankfurter Allgemeine Zeitung, 27.08.2010, S. 19

Impressum

Tabakverarbeitung - die Raucher wollen es billig

Bibliografische Information der deutschen Nationalbibliothek

Die Deutsche Nationalbibliothek verzeichnet diese Publikation in der deutschen Nationalbibliografie; detaillierte bibliografische Daten sind im Internet über http://dnb.d-nb.de abrufbar.

ISBN: 978-3-7379-2495-5

© 2015 GBI-Genios Deutsche Wirtschaftsdatenbank GmbH, Freischützstraße 96, 81927 München, www.genios.de

Alle Rechte vorbehalten. Dieses Werk ist einschließlich aller seiner Teile – z.B. Texte, Tabellen und Grafiken - urheberrechtlich geschützt. Jede Verwertung außerhalb der Grenzen des Urheberrechtsgesetzes bedarf der vorherigen Zustimmung des Verlags. Dies gilt insbesondere auch für auszugsweise Nachdrucke, fotomechanische Vervielfältigungen (Fotokopie/Mikroskopie), Übersetzungen, Auswertungen durch Datenbanken oder ähnliche Einrichtungen und die Einspeicherung und Verarbeitung in elektronischen Systemen.